Franz Rosei: Steine   Ernst Nowak: Felder

Alle Rechte vorbehalten.

Gemini Verlag Berlin, **2004**

Erste Auflage **2004**

Coverfoto: Ulysses Gallery, New York 1991

Gestaltung: steinkellner graphic design, Wien

Druck: FINIDR, Tschechien

ISBN 3-935978-19-7

Franz Rosei · Steine   Ernst Nowak · Felder

GEMINI VERLAG BERLIN 2004

Im elfenbeinweißen Raum steht und liegt elfenbeinweiß Verhängtes und Verhülltes. Tücher sind sorgfältig übergebreitet, herumgewunden, zurechtgezogen. Aus Faltung, Windung, Bauschung ergeben sich eigene Tuchgebilde. Wo die Tücher aufliegen, spannen oder in Mulden abgesunken sind, lassen sich Formen vermuten. Das Verhüllte ist aufgestellt und hingelegt auf Sockel, Tische, Bühnen, manche fahrbar, manche mit Bedacht zusammengesetzte kleine Aufbauten, die als der untere schon halb enthüllte Teil des oben noch Verhüllten erscheinen. Die Toten sind zugedeckt, die frischen Brotwecken. Ich stehe zwischen Möbeln in ihren Schutzhüllen gegen Staub und Sonnenlicht. Um mich Waren, Gespenster, Verschwörer, Denkmäler vor ihrer Enthüllung, verschleierte Frauen. Das Verhüllte soll aufbewahrt bleiben, gewärmt, gekühlt, für späteren Gebrauch. Es soll nicht entkommen können und ein Geheimnis bleiben. Es soll vor den begehrlichen Blicken geschützt sein, die es an sich zieht (ein Spiel, das vom Hinauszögern lebt). Noch ist es ungültig, noch ist nicht gekommen, wer das Recht hat zu sehen. Oder die Arbeit ist getan, jetzt ist gut ruhen, das Verhüllte soll nicht mehr da sein. Oder:

ich bin doppelt geschützt, weil das Verhüllte mich nicht sehen kann und ich es nicht sehen muß. So enttäuschend könnte es sein. So schön. So unerträglich. Ich könnte zu Stein werden, wenn ich erkenne. Nie würde ich ohne Erlaubnis die Hülle entfernen: ich griffe nach fremdem Eigentum, es könnte lebendig werden. Auch könnte ich mir schon an der Hülle die Finger verbrennen, schon die Hülle könnte sich unter der Hand verwandeln oder mir zwischen den Fingern zerrinnen. Die Angst um das Verhüllte trifft auf die Angst vor dem Verhüllten.

Ein Bannkreis muß um diese Dinge gezogen sein. Daß ich unversehens in einen Andachtsraum geraten bin, macht mich beklommen. Sei lieber vorsichtig, sage ich mir. Diese Dinge sind augenlos, aber ich spüre, sie schauen mich an. Sind sie verzaubert? Haben sie Zauberkräfte? Ihr Zauber kann bös sein, gut sein. Ich weiß nicht, ob ich sie berühren soll: ich habe gehört, daß, was einmal in Berührung gekommen ist, für immer in Beziehung verbunden bleibt. Diese Dinge sind fehlerlos: eine Fingerspur nur, eine kleine Unachtsamkeit, und schon könnten sie verdorben sein, wertlos. Ich merke schon: obwohl sie sichtlich hart und schwer sind, wollen sie behandelt sein wie ein rohes Ei. Ich habe so etwas noch nie gesehen, nur Ähnliches. Ihre Last ist sorgsam ausgewogen und verteilt. Sie sind mir angeboten: erhöht und ins Licht gerückt. Weil sie sich nicht selbst um ihre Achse drehen, gehe ich um sie herum, so daß mein Blick sie in einer Art Schraubenbewegung entwickelt (so ähnlich entwickeln manche Menschen im Sprechen einen Gegenstand, geben ihren Worten einen Körper, zeigen das Sprechen als Entfaltung, indem sie, die Arme leicht angehoben, die Hände einander umspielen lassen). Diese Dinge sind Raum- und Lichtfresser, mit Raum und Licht gefüttert, werden sie stark und erzeugen (ich sehe es an ihren empfindlichen Kanten) selbst Licht und Raum. Sie sind, scheint es, unbrauchbar und ohne erkennbaren Nutzen. Umso mehr sind sie die Ruhe selbst und scheinen ewig Zeit zu haben. Sie tun so, als seien sie auf nichts und niemanden angewiesen und als zeigten sie mir die kalte Schulter. Dabei sind sie eine einzige (fast spöttische) Forderung: ich soll schauen, was sie mir zeigen, und horchen, was sie mir sagen. Aber ich sehe nur mich (unruhig, ungestalt und klein neben ihrer Reinheit und Härte) zwischen ihnen stehen und höre nur meine eigenen Bewegungen und was in mir selbst spricht. Ein besonderes Machtmittel muß ihnen mitgegeben sein, ich weiß nicht welches, und doch wären sie nichts ohne diese ganz anderen nützlichen, bescheidenen Hintergrund-Dinge der Werkstatt: Lichtschalter, Gaszähler, Steckdosen, Kabel und Schläuche, die Reihen der Werkzeuge, die Klötze und Keile, die Platten und Bretter, die Bürsten und Schwämme, die Stifte,

das Dreieck, die Becher und Tuben, das Foto, den beschrifteten Zettel, das Buch, die Kleider, Tür und Fenster … Ich versuche, von der Totenstille wegzuhören. Was geschähe an diesen verwöhnten Dingen in einem Höllenlärm? Oder in schmerzhaft blendendem Licht? In verlöschendem? Zwischen tanzenden Schatten? Sollen sie doch herunter von ihrem Sockel, sage ich und denke mir Strafen aus: sie seien mit mir in einem finsteren Loch zusammengepfercht, ihre Gestalt sei kaum zu ahnen, tastend und greifend müßte ich mich an sie pressen, um mich über sie hinweg und zwischen ihnen durch zu zwängen, daß ihr Anhauch sich mit meinem Atem mischte; oder: was stehe, kippte, was liege, glitte, fiele; sie würden zerbrechen; erschlaffen oder zerplatzen wie angestochenes oder überdehntes Aufgeblasenes; mit einem Windstoß fortrollen wie eine leere Dose, fortwehen wie eine leere Schachtel, zerfallen wie die Zähne im Traum; oder das Behütete würde verkommen im Winkel eines Lagerplatzes, im Unterholz, in einem Trümmerfeld. Bekritzeln, sage ich vor mich hin, zerkratzen, beschmutzen. Was ich alles kann, würde ich zu diesen Dingen sagen, davon könnt ihr nur träumen! ... Ich habe sie schließlich doch berührt. Den zarten Staub an meinen Fingern habe ich abgewaschen.

Es ist schon eine eigenartige heimliche Gemeinde, eine Brüderschaft der Steine, die hier im Raum eingeschlossen ist und aus ihm wieder hinaus soll. Und jeder dieser Körper hat im gemeinsamen Raum noch seinen eigenen besonderen, dessen ausstrahlendes und einsaugendes Herz er ist: Inseln mit verfließendem Ufer, in einem Gefüge wechselnder Strömungen. Der Raum zwischen den Körpern läßt mich an den Abstand zwischen Wörtern und Textzeilen denken, wo nichts zu lesen ist, der aber die Wörter und den Text gut lesbar macht. Körper wie Wörter wie Texte brauchen für immer die Leere um sich, sobald sie einmal in die Leere hinein gestellt/geschrieben worden sind.

Während ich mit dem Tuch das Gesicht und die Hände trocken reibe, höre ich aus dem kleinen Radio hinter mir (ein sogenannter Weltempfänger) eine muntere Frauenstimme von einem Steinbruch erzählen, von der Erfüllung eines Wunsches, der Wiederverwendung alter Geräte und Vorrichtungen, vom Verrücktsein, vom Glück. Dort ist das Ende, sagt die Stimme freundlich, der Stein ist das Ende des Denkens. Diese Behauptung will mir nicht aus dem Kopf gehen. Der Satz ist wohl zu schön, um nicht fragwürdig zu sein.

Kaum sehen wir einen Pflock, Pfahl, Stock, Turm, schon, wird uns eingeredet, haben wir nichts im Kopf und vor Augen als ein aufgerichtetes Glied. Aber hat sich damit nicht ein eingelerntes besonderes Bild eines Körperteils vor das allgemeine des Körpers geschoben? Vor das Längliche, Feste der vom Boden getragenen, wie aus dem Boden gewachsenen, dem Boden verhafteten einfachsten Menschengestalt? Es braucht nicht einmal Augenpunkte, nichts Aufgemaltes, Eingekerbtes, damit das längliche feste Stück in rasch um sich greifender Verwandlung zum Körper wird, in dem (bei Lockerung der Gesetze des Körperbaus, Verschiebung des Vertrauten ins mehrdeutig Fremde und Augenzwinkern hin zum Gehabe der Büsten und Standbilder) Menschengestalt und Menschenwerk unauflöslich gekreuzt und verschmolzen sind. Ich entgehe nicht dem eingefleischten Beseelungsbe-

dürfnis, dem Vergleichen, dem Ähnlichkeitszwang. Zwar versuche ich etwa, die Steinkörperoberfläche als ein unter Glas gestelltes bemaltes Relief einer Gegend mit ihren weiten Senken, flachen Hügeln, krummen Tälern und Gebirgen zu sehen, aber schon werden mir zwei Höhenzüge zum Widerhall von Menschenschultern; und ein Vergleich mit dem eingedämmten sanften Wogen einer Wasserfläche führt, wie ich lese, in das Bild einer schmiegsam engen Haut, unter der ein hingebreiteter Körper stumm sich rührt, in abgemessenem Atmen. Ich weiß es und sage es mir immer wieder vor: da ist durch und durch nichts als trockener dichter, harter Stein, an der Oberfläche nicht anders als in der Tiefe, und diese Oberfläche ist nicht von innen heraus geformt und zubereitet, sondern von außen hinein; aber gleich und gern nehme ich den Anschein, unter der Oberfläche zeichne ein Inneres sich ab, zum Anlaß, sie als eine Menschenkörperoberfläche zu beschreiben. Als solche verbirgt sie mir, was feucht und lebendig, also unberechenbar und bedrohlich sich bis zum Absterben und Verwesen weiter entwickeln wird. Sie gibt einen Zwischenbericht. Ihre feinen Wölbungen und Senken, oft kaum sichtbar, nur zu ertasten, ihre Falten, Wellen und Runzeln deuten still, fast zärtlich eine Geschichte des Sichkrümmens, Sichwindens, Sichstreckens an, der Anstrengungen und Anspannungen, Verhärtungen und Verkrampfungen,

Wucherungen, Krankheiten und Schmerzen, des Pressens und Zuckens. Da und dort zeigt sich ein verschämter Anflug von Kräftigung und Wohlgefühl. Der Tod ist dicht überwachsen. Vieles scheint nach außen zu drängen, aber nichts dringt durch. Es gibt keine Körperöffnungen. Nichts, scheint es, kann heraus, nichts hinein (so endgültig, daß die Vorstellung des Aufschlitzens und Hervorquellens aufkommt). Die Körpergrenze scheint eine Haut zu sein wie ich sie bis jetzt nicht gekannt habe: keine sonst ist so dünn und fest zugleich, von solcher Glätte und solchem Glanz (es ist der Glanz von Innereien), sie scheint wie in farbloses Drachenblut getaucht. Aber (das Lindenblatt!): da und dort entdecke ich eine Stelle, die verletzlich geblieben sein muß. Abschürfungen, Aufgerissenes, wo der Stein offen, geradezu heftig zu Tage tritt, bruchrauh, spröde, steinerne Wunden und Narben, Beschädigungen und Zugestoßenes, besonders dort, wo Menschengestaltiges und vertraute Achsen ins befremdlich Eckige und Kantige, in den Raum hinaus vorgetrieben und zugeschliffen sind: steinerne Wellenbrecher, Bug, Grat, werkzeug- und waffenähnlich geschärft, schon schartig. Es ist eine Geschichte der ausgestandenen Prüfungen (sie erst geben dem Stein das Alter des Steinernen Zeugen, wogegen sein erdgeschichtliches Alter gar nicht bedacht wird), eine Geschichte der Haltungen, des Standhaltens und der Hinfälligkeit, des Sichentziehens und Sichaussetzens. Nicht der Menschenkörper wird nachgeformt, sondern diese Geschichte. Sie wird am Steinkörper hergezeigt und lesbar, über ihn wird das Ergebnis einer nachforschenden Untersuchung mitgeteilt und zugleich der Verlauf dieser Untersuchung nachvollziehbar. Das Aufgerichtete und Feste behauptet hier nicht Herrschaft, son-

dern beharrliche, ja trotzige Machtlosigkeit, ein Sichaufrechthalten mit angehaltenem Atem und dem zurückgehaltenen Wunsch: stürzen, liegen, nichts mehr.

Frei und ungeschützt, die Augen aufwärts verdreht, den Mund weit offen in halb klagender, halb lachender Erwartung, daß Pfeile, einer nach dem anderen, da und da und da sich in den hellen Leib bohrten, oder daß ein Blitz niederfahre, sich ein-

brenne und zwischen der rauchenden Einschlag-
stelle und den Wolken als zischendes zitterndes
Dauerlicht und verbindendes Zeichen stehen-
bliebe.

Manchen Steinen könnte ich Namen geben wie:
der Rote, der Grüne, der Weiße, der Schwarze, der
Gelbe, aber das weist nur auf den vorherrschen-
den Farbton eines Gemenges hin, das ich bei anderer Verteilung vielleicht bloß hell nennen
könnte, oder dunkel, wie Haut, bunt. Mein Blick in
die Tiefe, lese ich, die Flanken der Felsen entlang,
folgt den Verfärbungen, vom rauhen Schwarz zum
hellen Grau und trüben Gelb, ins klare Wasser tau-
chend, vom Weißlichen ins Rötliche, bis auf den
glatt geschliffenen Grund, vom blassen ins dunkel
klaffende Rot, als ob es Fleisch wäre. Ein rühren-
der Versuch, denke ich, in seiner scheinbaren Ge-
nauigkeit leider auch nicht eindeutiger als etwa
die Bemerkung, eine bestimmte Farbe hier könnte
eine Eigenfarbe, aber ebensogut eine Fremdfarbe
oder ein bloßer Widerschein sein, oder: was für
mich eine gute Farbe sei, würden andere vielleicht
eine böse nennen. Am Stein habe ich mit Mühe
nach Farben suchen müssen. Wie klar dagegen
und wie fröhlich sind mir dann die Werkstatt-
farben ins Auge gesprungen: das Orangerot
der Sprühflasche, das Gelb der Gasflasche, das
Blau des Kompressors, das Grün der Karre. Die
Schachtel mit den blueline-Fiberscheiben zum

Schleifen hat eine aufgedruckte rote Linie. Die Körnung der Schleifscheiben ist nach Nummern unterschieden, denen eine Farbe zugeordnet ist: 0 grün, 1 schwarz, 2 rot, 3 gelb, 4 gelb/weiß, 5 blau/weiß. Auf dem Stein sind Stellen, wo noch in bestimmte Richtung und Tiefe geschliffen werden soll, grün angezeichnet. Während diese Farbe mit dem Schleifen verschwindet, entsteht am Stein eine belebende Färbung, Maserung, Zeichnung (ohne sich wieder zu verflüchtigen, wie ich es oft an einem kleinen Fundstück, einem nassen Stein, der rasch trocknet, mit ansehen muß). Hier Gesprenkel, kleinstes Gemuster, Gedränge, Geflimmer, dort Gewölk, Gespinst, Wirbel, Flackerndes und Geflammtes, hinziehender Rauch, lose und straffe Bänder, Gerinnsel und Adern, Inseln, Male, Schrift (ich könnte versinken in diesem Überfluß und darüber den zugehörigen Körper vergessen): angeschnittene Schichtungen, Gänge und Einschlüsse, umso ausgeprägter und farbiger je feiner geschliffen worden ist. So entwickelt sich aus dem Stein heraus ein Spiel und Gegenspiel: hier der geformte Steinkörper, dort seine Farbe und Zeichnung. Ein Spiel der Ebenen, Achsen und Gewichte, das den Stein scheinbar stützen, gliedern, in Schieflage bringen, leichter oder schwerer machen, sprechen oder schweigen lassen kann. Ich könnte auch sagen: hier der Fluß des Vorhabens und der Vorstellungen, dort die gegebene Menge des Vorgefundenen und Zufälligen. Oder:

Hinter dem Obstgarten, wo die Sonne untergeht, beginnen
die Auen. Manchmal ist das Wsser zu riechen. Die Mücken
tanzen. Wo die Wiese gemäht ist, liegt, von Wespen überkrochen, reichlich Fallobst. Wer soll das alles essen?
Aus der Nachbarschaft ewiges Gehämmer und ewig die gleiche
Musik. Hühner und Hunde. Dicht am Drahtzaun der Liefer-
wagen. Der Fahrweg ist viel zu eng. Das Gras wächst so
hoch, Der Steinblock, der dort seit eh und je liegt und
auf dem so gut zu sitzen ist, wäre kaum noch zu sehen, wäre
nicht zu ihm hin schon ein kleiner Pfad ausgetreten.
Nächstes Jahr muß dringend das Dach gerichtet werden,
Man weiß gar nicht, wo man zuerst anfangen soll. Gut, daß
der Sommer so trocken war.

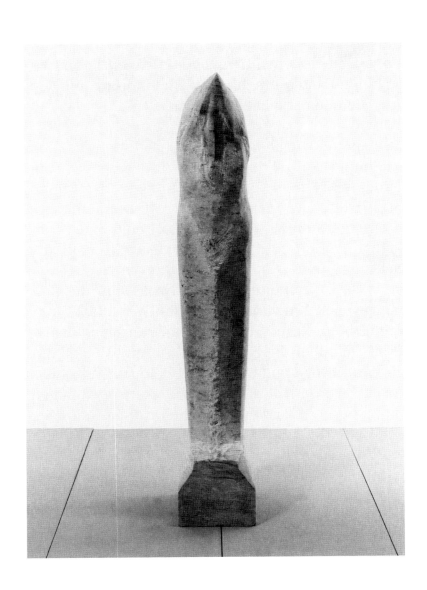

die natürliche Zeichnung, Spur erdgeschichtlicher Vorgänge, überzieht, in gegenwärtigen Lebenszusammenhang gebracht, den Steinkörper mit dem Anschein künstlicher Ereignisse.

Der Spaten wurde ins Erdreich gestoßen. Mit dem Ausheben und Lockern des Erdreichs wurden Sand- und Lehmspuren aufgedeckt, Kalkreste, Steinchen, Ziegelsplitter, verrotteter Dung und Wurzelgeflechte, weiße Schneckengehäuse und faulige Holzstücke, ein rostiger Nagel, eine blaue Scherbe, gelbe Ameisen, die um ein Nest länglicher Eier wimmelten, dünne Erdasseln, die flimmernd sich hinwanden. An der Werkstattmauer lehnten in Reihe hohe Säcke, deren schwarze Haut sich über die Ecken, Kanten und Buckel hineingepreßter Dinge spannte. Bald, nach getaner Arbeit, würde rohes Fleisch auf dem Brett liegen, um zubereitet zu werden, schon drückte die Messerschneide, schon stocherte die Spitze, schon würde gehäutet und ausgelöst, schon würde das weiche Fleischstück umgelegt.

Weil ich die Steine offenbar auch als nackte Körper sehen muß, habe ich gleich nach dem Geschlecht gesucht. Vergeblich. Es ist wie weggekratzt, weggeschliffen; oder ist es so gut versteckt? Nicht daß ich sein Fehlen als Mangel begriffen hätte: aber es hat mich erst auf das Geschlecht gestoßen und die Frage nach dem

Geschlecht mir aufgedrängt. Ist es vergessen? Geleugnet? Verboten? Aus Scham? Scheu? Diese Keuschheit ist mir unangenehm als wäre ich gegen meinen Willen Mitwisser eines Knaben, der sein Geschlecht zwischen die Schenkel geklemmt hält, damit es wie weggezaubert ist. Ärgernis? Angst? Keine Verführung, kein Verlangen. Keine Vereinigung, keine Zeugung. Nichts sei verraten. Keine Antwort. Dafür sehe ich jetzt erst (weil andere mich darauf hingewiesen haben, mir selbst ist es nicht aufgefallen), daß da kein Kopf ist, kein Gesicht, daß Arme und Beine fehlen (nie hätte ich

danach gesucht). Das Angefügte, Ausgestülpte, daher Ausgesetzteste und Sperrigste scheint (wie bei Ausgegrabenem aus alter Zeit) weggebrochen und verlorengegangen. Oder alles ist weggelassen wie lästiges, nur ablenkendes Beiwerk oder wie das Selbstverständlichste. Damit dieser Körper von Häßlichem befreit ist? Damit er keinen Namen haben kann? Keine Zähne. Kein Zeichen für die Sinne, für Denken, Bewegung, Veränderung, Äußerung. Keine Schritte, kein Greifen, keine Unruhe. Kein Handeln, kein Sprechen. Es gilt kein

Befehl. Fleischer, Quäler, Mörder, Kinder trennen und reißen ab, was weghängt, bis nur noch der Rumpf bleibt. Äste werden entfernt. Der Rumpf ist toter noch als tot, endgültig entwertet, aber noch immer ist er zugleich Behälter und Grundgerüst, das die Mitte und die Achsen vorgibt. Scheint es nicht auch, als sei ein vollständiges Ganzes (im Grunde das Menschen-Vorbild) absichtlich bis auf den geballten Rest zerschlagen oder der Körper bis dorthin auf das Wesentliche zurück abgebaut worden? In Umkehrung: der Rumpf sei ein bis hierher Entwickeltes und Ausgearbeitetes, die Voraussetzung (das Wichtigste zuerst!) für alles Weitere, das noch angefügt und eingesetzt werden soll, aber die Arbeit habe alle Aufmerksamkeit und Kraft verbraucht, über dieser Arbeit sei das Weitere und Ganze vergessen und aus den Augen verloren, als unnötig oder aber als unerreichbar erkannt worden (so daß hier auch noch mit dem Reiz des Scheiterns und stolzen Aufgebens gespielt werden könnte)? Oder aber: der Rumpf sei kein Überrest, sondern eine Knospe vor der Entfaltung von Möglichkeiten, Verpupptes? Ich hätte den Rumpf auch vor mir als eine handliche Form: Frucht, Knolle, Kern, Klumpen, Block, Bauteil, Stein, Hirn, Herz (so könnte ich sogar Weggelassenes wie Kopf, Arm, Bein, Glied als einen Rumpf sehen). Um vom Rumpf noch etwas wegzunehmen, etwas herauszuholen oder hineinzulegen, müßte ich eindringen. Es mit dem Rumpf genug sein zu lassen, wäre auch wie zu sagen: nein, ich will kein Gegenstück zu meinem Kopf, keines zu meinem Geschlecht, zu meinen Armen und Beinen, es ist gut, daß das dort nicht mehr nach mir greifen kann, sich nicht festhalten, mir nicht mehr folgen, nicht mehr ausweichen kann. Ich kann damit machen, was ich will, und ich habe, was dort fehlt.

Das scheinbar hoffnungslose Gewicht der Steine, das den Boden durchbiegt und den Versuch zu schieben oder zu heben (er treibt das Blut in den Kopf) schon im spielerischen Ansatz verhindert, läßt mich gleichgültig. Aber es müßte eine schreckliche Lust sein, sich, mit den Füßen scharrend, über den harten kühlen Stein zu breiten, mit nacktem Körper sich an ihn zu drängen, bis der Stein wie eine alte, von Abnützung glänzende Lederpolsterung, nein, wie Wachs nachgäbe, und dann mit ganzem Körper darin im eigenen Abdruck steinhart und fugenlos eingebettet zu liegen: mit dieser Vorstellung steigt bis zur Übelkeit, ja zum Brechreiz ein Vorgefühl von Schwäche und Lähmung in mir auf. Da sitze ich doch lieber auf einem Stein und schmiege die Stirn mit leichtem Nachdruck in die Schale der Hand, bis ich Stirn und Hand als eine einzige durchlässige, austauschende Fläche fühle, durch die in ganzer Breite in gleichmäßigem An- und Abschwellen Wärme strömt.

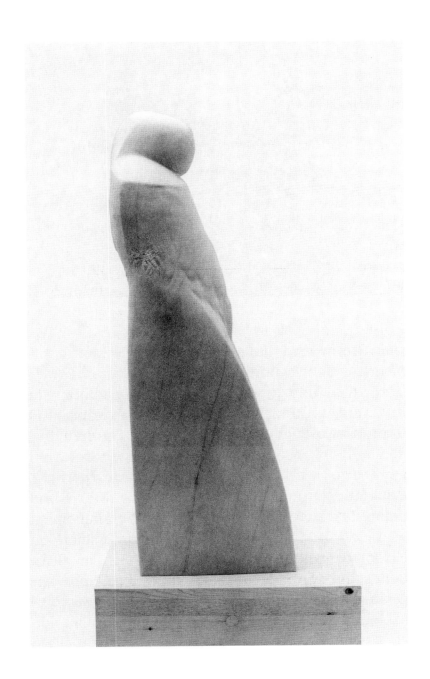

Der Stein wird immer der Stärkere sein, der Ältere, immer schon da und schon Körper Gewesene, fern und unabhängig vom Menschen, ein ungeteiltes Ganzes, ein Fremdkörper, der bloß ausgeborgt, angeeignet und als Mittel verfügbar gemacht ist. Nie wird er ganz uns gehören und ganz unser Werk sein. Er fordert eine körperliche Beziehung und Auseinandersetzung. Der Stein macht uns zum Kind und Freund (wer je an einem sonnigen Waldrand die Wange an einen mächtigen Felsblock gelegt hat, weiß es). Er ist ein gegebenes Gebilde, dessen Form und Oberfläche wir gewaltsam verändern, dessen Grenzen wir verschieben müssen, um es zu jenem Gebilde zu machen, das wir uns eingebildet haben. Ist der Stein

nicht eher Anreger und Mitspieler als Erzeugnis? Wenn ich nun dort einen Metallkörper (eine Bronze) sehe, dessen Gestalt der des Steinkörpers hier gleicht, einen dunkleren metallenen Doppelgänger, Wiedergänger, glaube ich etwas von den Hintergründen und Beweggründen dieser Verbindung wie auch Unterscheidung zu ahnen. Der Metallkörper ist dem Steinkörper nachgebildet, eine Spielart und Abwandlung, ein Nachhall, ein Erinnerungsstück (daß er ein Abguß ist, verrät er nicht), das, um überhaupt Körper zu werden, einen anderen Körper als Vorbild und Kern braucht und, im Gegensatz zur Einmaligkeit des alten Steinkörpers, neu und wiederholbar ist als Stück in einer möglichen beliebig langen Reihe immer gleicher neuer Stücke. Er ist nicht ganz er selbst, er ist immer auch ein anderer. Kann sein, daß die Vervielfältigungsmöglichkeit ihn geringer, weniger wertvoll, billiger erscheinen läßt, aber im Grund ist er einfach nur ein anderes Paar Schuhe. Er ist ausschließlich Erzeugnis und Menschenwerk, ist vor seiner Herstellung nicht vorhanden gewesen, und vielleicht wird er gerade darum hergestellt: die Beziehung ist eine lockere. Kein Zweikampf. Keine Ehrfurcht. Nichts wird weggeschlagen. Das ist die Beziehung von Handwerker und Werkstück, entspannt, entlastet. Die Arbeit ist leichter, sachlicher, stiller. Der Metallkörper ist Verwandter der Gebrauchsgegenstände, der Waffen, Gefäße und Werkzeuge, dem Gips, Lehm und Ton näher als dem Stein. Bis er fertiggestellt ist, braucht es Umwege, ein Weiterreichen von Hand zu Hand, von Werkstatt zu Werkstatt und zurück, Zusammenarbeit, einen Wechsel von Verflüssigung und Erstarrung, Schale und Kern, von Zerteilen und Zusammensetzen: aber auch das verrät er nicht, es ist ihm nicht anzusehen, was er hinter sich hat, die gratähnliche Verfugung der einzelnen Teile ist spurlos getilgt, Zuschliff und künstliche Verfärbung (die Nachbehandlung) läßt vergessen, daß er eigentlich rauh und stumpf wäre wie Gußeisen, und täuscht beständigen Wert vor: die Kostbarkeit des Goldes und Alter und Unverwüstlichkeit. Der Metallkörper ist aus dem Feuer hervorgegangen und wird dem Feuer widerstehen wie auch dem Regen, schon jetzt ist er von allen unsichtbaren Gefahren der Welt durchglüht, angehaucht, geschwärzt, überronnen und verätzt. Es ist die Verfärbung des Gepanzerten, der Rüstungen und Schilde (ein Schimmer, der auch an den Flügeldecken mancher Käfer zu sehen ist): kein Steinkörper kann so gleichförmig, so undurchdringlich, so glatt sein wie ein auf Glanz geschliffener Metallkörper. Unnahbarer, dichter verschlossen, strenger und reiner geht es nicht, da ist kein Fleisch, kein Geäder, der Stein ist dagegen geradezu ein Gewächs, das Leben selbst. Das innerste Geheimnis dieser Stücke aber ist: sie sind ein umpanzerter Hohlraum (also auch das Gewicht ist vorgetäuscht). Ob Kopf oder Rumpf, der Körper ist ein leeres Gehäuse, eine Hülse, eine Kapsel. Klopfte ich mit dem Fingerknöchel an die Wand, wäre ein hohler, rasch erstickter Klang zu hören. Diese Stücke wären auch an ihrem Klang zu unterscheiden. Ich stelle mir vor, die Metallkörper wären nicht aufgestellt und hingelegt, sondern an ihrem Scheitelpunkt oder Schwerpunkt aufgehängt: angeschlagen, würden sie frei schwingen und tönen wie Röhrenglocken, jeder nach seiner Art, eine fremde Körpermusik.

Bedächtiger und zuversichtlicher könnte kein Apfel geschält, verzweifelter und ratloser kein Weg gesucht werden. Der Weg will nichts, der Apfel hält still. Wie könnte ich auch einen Apfel schälen, der unter den Händen zuckte, drängte, auswiche? Wie könnte ich auch einen Weg finden, der keinen Anfang und kein Ende hat?

Wie kann es dazu kommen: nach einem uralten, aus dem Zusammenhang gebrochenen Stück unserer Welt zu suchen, unter großen Mühen und Kosten es an sich zu bringen, um sich dann davor hinzustellen und es mit allem verfügbarem Können und Werkzeug in kräfte- und zeitraubender Arbeit so zu verändern, bis es mehr oder weniger unkenntlich ist und als anderes ausgegeben und angesehen werden kann? Ich nehme also an, ich hätte einen Stein gefunden, der mir antwortet und dem ich als meinem Opfer aufzwingen kann, was

ich im Kopf habe, anzaubern, was nicht in mir bleiben soll. Von dem ich nur das Überflüssige entfernen müßte, und eine Form, die eigentlich immer schon in ihm vorhanden gewesen sei, käme zum Vorschein: was der Stein für mich bereithält, womit er mich gelockt hat, was aus ihm befreit sein will (heißt es übrigens nicht auch von uns selbst, wir hätten, wie ich gelesen habe, etwas Unbehauenes, Unerlöstes in uns?). Ich nähme mir also dieses Stück Stein vor (es könnte etwa ein Portugiese sein, der bei einem Steinmetz irgendwo im Schlamm gelegen ist, auch ein abgekommener Grabstein oder eine herausgebrochene Schwelle). Wie einen Berg und als meinen Gegenspieler, vielleicht auch als eines meiner Geschwister hätte ich es vor mir. Wir wären ganz einander überlassen. Noch läge das Werkzeug geduldig bereit, der Stein wäre noch ahnungslos, aber schon würde in der Ferne des Kopfes ausgedacht und vorbereitet, was geschehen, was, von versteckten Zuflüssen gespeist, um sich greifen soll, schon würde im Innern der Hand heimlich geprobt, was die Hand aus der Geräuschlosigkeit heraus dem Stein würde antun müssen. Wir werden ja sehen, wie gut du bist, sagte ich zugleich zu ihm und zu mir und würde, wie man sagt, in den Stein einsteigen. Eine neue Umgebung: Fremde, Einsamkeit (da lernt man!). Was will der Stein von mir? Nahe am Block, atmete ich ein, atmete ich aus, als wollte ich den Stein einatmen und mich zum Stein hin ausatmen.

Die Arbeit wäre ein Wechseln über eine Grenze, die Belagerung einer Festung, es bräuchte bald ausdauernde Vorsicht und zärtlich genaue Erkundung, bald Gewalt und rückzugsbereiten Überfall. Was wären schon die Kräfte der Verwitterung ge-

gen mein Werkzeug! Im Umkreisen, Abstandnehmen, Nähertreten nickte ich meiner Arbeit zu und schaute vergleichend vom Stein in meinen Kopf und zurück. In meinem arbeitenden Körper spürte ich, was an dem bearbeiteten Körper dort geschieht, ich spürte es bis in die Fußsohlen, in die Zähne und in die Zunge, die gegen Gaumen und

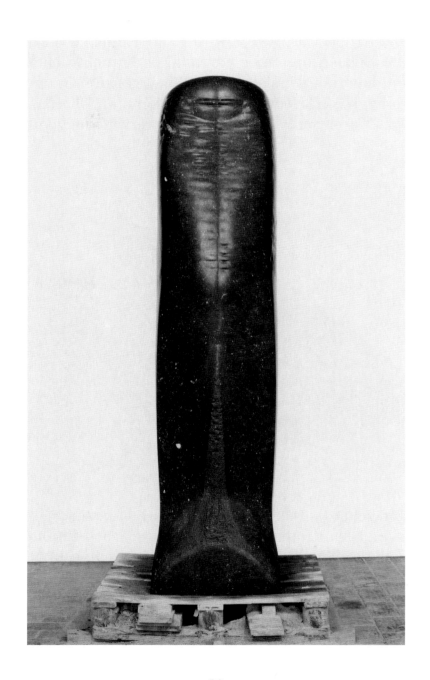

Zähne drückte. Würde dort am bearbeiteten Körper sichtbar, was in meinem arbeitenden Körper sich abspielte? Schicht um Schicht überzöge, verhüllte, enthüllte ich den Stein mit meiner Arbeit, entstellte, entblößte, verwandelte ihn, Schicht um Schicht näherte ich mich, und noch immer zeigte die erträumte Oberfläche sich nicht, bis ich, von wachsendem Mißtrauen und Unbehagen angestachelt, gegen sie zu arbeiten begänne, sie ritzte, meine Lebenszeichen in sie hinein und aus ihr heraus schlüge, schürfte, Fährten legte, Schrift hinterließe. Kleine Versuchsfelder tilgte ich nicht mehr, Stellen blieben unbearbeitet (als wäre hier der Stein von seinem Steingrund losgelöst oder aus sonst lückenloser Abdeckung eine Art Fenster für einen Eingriff ausgeschnitten worden). Vielleicht müßte ich feststellen, daß, unvorhersehbar, der Stein, wie es heißt, nicht gut zu arbeiten wäre, Widerstand leistete, mich reizte, und ich quälte mich ab, sagte zu ihm: ich, ich bestimme die Form, nicht du! Er saugte mir das Wasser aus der Haut. Hilf mir doch, sagte ich zu ihm, was wäre denn gut für dich?, und zu mir: es wird schon! Es wäre ein zäher Kampf weg von mir. Ja, weg von mir, das wäre mein Wunsch: mich mit dieser Arbeit vom Stein abzuspalten und wegzuschleifen (der Stein sollte ja nicht mein Spiegelbild und nicht mein Tagebuch sein). Ich arbeitete hinein, um herauszuarbeiten, ich wüßte: ich übertrage auf den Stein, was ich in seinem Anblick von ihm denke, und ich zerstöre ihn Schicht um Schicht, damit ein Stück entsteht, das den Stein in meinem Kopf und den Stein vor mir in Einklang bringt. Ich wüßte: ich werde die Arbeitsgeräusche hören, solange ich den Stein als eine Landschaft der Möglichkeiten vor mir sehe, ich werde schleifen, bis nichts mehr mich stört und solange der Stein mich nicht ruhen läßt.

Überall und über allem der feine weiße Staub. Beim Anstreifen an die Wand, beim Hingreifen, beim Gehen, beim Hinatmen ein zartes Aufwirbeln. Der Staub brennt in den Augen, dringt ins Innere des Kopfes und in die Lunge: ein Krankmacher, Schmerzbereiter und Feind wie auch die Dünste der Säuren, Preis, der zu zahlen ist. Es ist nicht zu ändern. So wird weitergegeben, was weggenommen worden ist. So wird Form eingeatmet. Die Atemschutz-Maske ist bestaubt. Vom Wandbrett hängt an glänzender Kette eine Taschenuhr: spiegelblank.

Ich sehe: ein müder Mensch stützt seinen Kopf so in die flache Hand, daß die Stirn und ein Auge bedeckt ist. Er scheint mit geschlossenen Augen, langsam atmend, auszuruhen. Aber das sichtbare Auge läßt mich zweifeln: ist es nicht doch einen Spalt geöffnet? Blickt er also steil nach unten, auf eine Buchseite, auf die andere schreibende oder zeichnende Hand? Ich entscheide: nein, die Augen sind geschlossen. Ist er eingeschlafen? Oder hat er nur Stirn, Auge, Wange gerieben? Gleich wird er aufschauen.

Ein weißes Rechteck: von seinen Rändern ist es weit zu seiner Mitte. Die Mitte: ein gedrängtes Nest von formendem Strichwerk, wasserzart gehöht, in kargen Erdfarben getönt. Landstück,

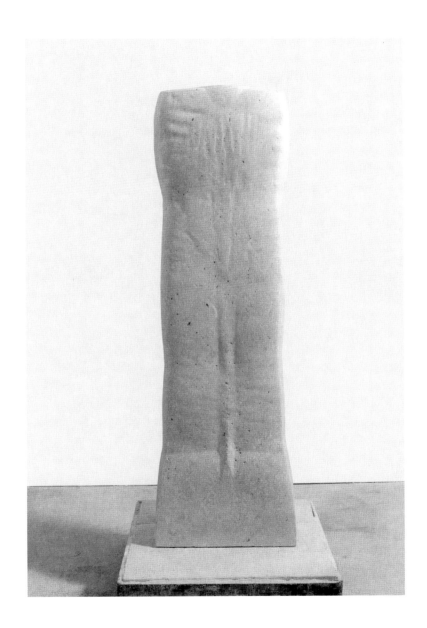

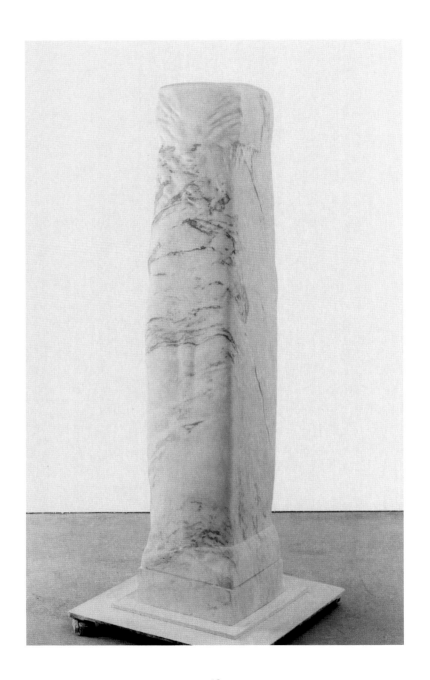

Rüssel, Sprechversuch, langes Rückgrat, lese ich. Rückenmark, Föhrenhügel, Holzstöße, Fluß der Gedanken durch den Kopf. Die Heuballen, Six O'Clock Man, Krieger sich abwendend. Bißchen Angst, lese ich, ich treffe dich, es ist nichts passiert, in der Stunde des Todes. Wir sind die Toten, wie Zweige, schön präpariert, nicht versöhnt.

Ich kann mir vorstellen, es gäbe für mich keinen letzten Schliff und nichts Fertiges. Aber (unberechenbar wann) hätte ich mich beruhigt, wäre müde oder zufrieden, sagte schließlich: jetzt ist es genug, fertig!, und schlüge mit der Handfläche freundlich auf diesen harten Stein wie einem Menschen auf die Schulter oder einem lieben großen Tier an die Flanke. Wenn jetzt das Werkzeug ruhte, als wäre nichts geschehen und als hätte es nichts mit all dem zu tun, sei nur ein zufällig hier hereinragendes Stück Wirklichkeit, wäre in der Stille und wiedergekehrten Geräuschlosigkeit zu sehen, was das Werkzeug hat anrichten können. Abgewaschen vom Staub, scheint der Stein aus einem wilden Traum erwacht zu sein. Mein Schmerz wäre er gewesen, meine Freude, mein Begleiter durch eine Geschichte. So wie er vorher gewesen ist, hätte ich ihn bald nur noch ungenau in Erinnerung. Nur schwer hätte ich mich von ihm getrennt (schon das Weglegen des Werkzeugs bei einer Arbeitsunterbrechung wäre wie ein kleiner Abschied gewesen, voreilig und leichtfertig), aber ich sagte mir: jetzt heißt es, woanders hinzuschauen, Leintuch drüber, das war's.

Hinter dem Obstgarten beginnt der Auwald. Manchmal ist das Wasser zu riechen. Aus der Nachbarschaft ewiges Gehämmer. Das Gras wächst so hoch: der Steinblock, der dort seit eh und je liegt und auf dem so gut zu sitzen ist, wäre kaum noch zu sehen, wäre zu ihm hin nicht schon ein kleiner Pfad ausgetreten. Wo die Wiese gemäht ist, liegt, von Wespen überkrochen, reichlich Fallobst. Wer soll das alles essen?

Eine Spielkarte, Herzkönig, abgeschabt, fleckig, wohl auf der Straße oder im Kies eines Gastgartens gefunden, ist mit einer Stecknadel an die Wand geheftet. Im schrägen Licht wirkt der bloßgelegte Kartengrund rauh wie Stein. Die Krone hat einen schönen glatten Schwung nach außen. Der König könnte ein Mädchen sein, so rund und jung ist sein Gesicht, so fein sind Nase und Mund, so frisch ist der Blick zur Seite hinaus.

Ich schreibe: als Fremder über Fremdes schreibend, im Versuch als Fremder mich in Fremdes hineinzuversetzen, habe ich einiges über mich selbst erfahren. Zum Beispiel bin ich immer der Antwort auf die Frage ausgewichen: wäre die Arbeit an diesen Steinkörpern meine eigene, und das tastende Prüfen der Steinoberfläche mir schon in Fleisch und Blut übergegangen (Fleisch und Blut: das ist Gewalt, sagt die Traumdeuterei), mit welchen Gedanken und Gefühlen berührte ich dann einen lebendigen Menschenkörper?

Novalis: die Steine seien das Höchste, der Mensch sei das eigentliche Chaos. Und: Steine wirkten auf den Steinsinn des Menschen.

Ich höre: ein leerer Sack steht nicht. Ich lese: Farbvertiefer. Bunker. Ein Guß Wasser. Lederseife. Rostlöser. Zweckform. Rohling. Der ausgehöhlte Stamm.

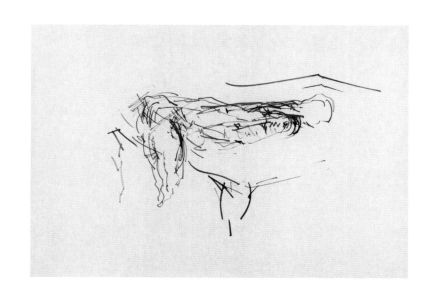

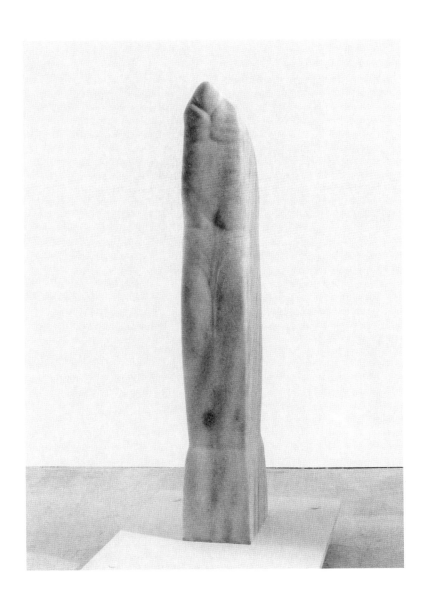

Ein Bannkreis ist um diese ~~kunstvoll gearbeiteten~~ Gegenstände gezogen.
Unversehens bin ich in einem Andachtsraum. Ich bin befangen und beklommen.
Ich schaue mehr vorsichtig als ~~neugierig~~ hin: Fremd und stumm stehen und
liegen diese Dinge da. Sie sind Obwohl kopf-und augenlos, ~~schauen sie mich mit z~~
zwingendem ~~Blick an, es kann.~~ Ich spüre ihren Blick, ~~obwohl sie kopf-und~~
~~augenlos sind~~ . Ihr Zauber kann bös und gut sein. ich weiß nicht, ob ich
näher herantreten ~~soll~~ und ob ich sie berühren kann. Ich hätte mir zuvor
die Hände waschen müssen, ich weiß ja nicht, ob ~~die~~ Fingerspur je wieder
zu beseitigen ~~sein wird.~~ Fett und Schweiß scheinen hier etwas Feindliches
zu sein. ~~ich könnte alles verderben.~~ Auch habe ich gehört, daß Dinge, de
einmal miteinander in Berührung gewesen ~~sinne,~~ danach für immer in
Beziehung verbunden blieben. Ich merke schon: sie wollen behandelt sein
wie ine rohes Ei, obwohl sie sichtlich hart und schwer sind. eine kleine Unachtsamkeit, und sie sind gleichsam ungültig, noch sind sie fehlerlos, sorgfältig und mit Überlegung ~~ist~~ ist ihre Last verteilt und ausgewogen, mit Bedacht sind sie erhöht und meinen Augen angeboten und ins
Licht gerückt. Ich habe solche Gegenstände noch nie gesehen, nur entfernt
ähnliche. Weil sie sich nicht selbst um ihre Achse drehen, gehe ich um
sie herum, so daß mein Blick sie in einer Art Schaubenbewegung entwickelt. Sie sind Raum-und Lichtfresser, mit Raum und Licht gefüttert, werden sie stark und erzeugen selbst Licht und Raum. Sie sien verwöhnt.
und gut behütet. Sie scheinen unverrückbar ruhig zu sein
und ewig Zeit zu haben. Sie spielen die gleichgültigen, tun
so als seien sie auf mich ~~auch~~ nicht angewiesen, dabei
sind sie eine einzige (fast spöttische) Forderung: ich soll
schauen, was sie mir zeigen und horchen, was sie mir sagen.
~~Aber sie sind abweisend und lassen sich nicht benützen.~~
Ich weiß nicht, welches Machtmittel ihnen mitgegeben ist.
Aber ich sehe nur mich fremd, stumme und unruhig zwischen
ihnen stehen, mir selbst überlassen, und ich höre nur meine
eigenen Bewegungen und was in mir selbst spricht, klein
neben ihrer Härte und Reinheit. Wie anders sind die Hinter -
grund-Dinge: Lichtschalter, Gaszähler, Steckdose, Kabel und
Schläuche, die Zügen, die Wörter, die Reihen der Werkzeuge,
die Klötze und Keile, die Platten und Bretter, die Bürsten
und Schwämme, die Sprühflasche, das Dreieck, die Dosen und Tuben

– 54 –

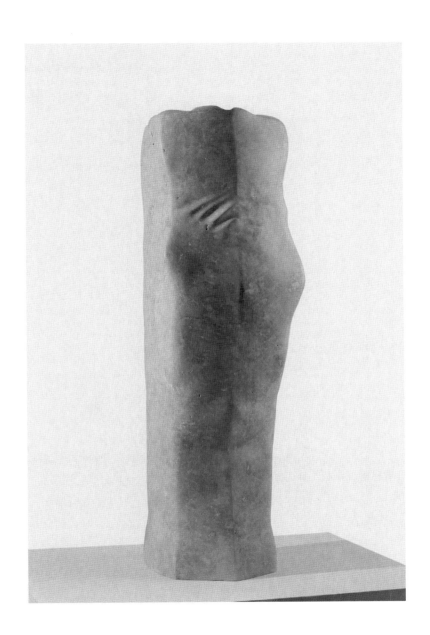

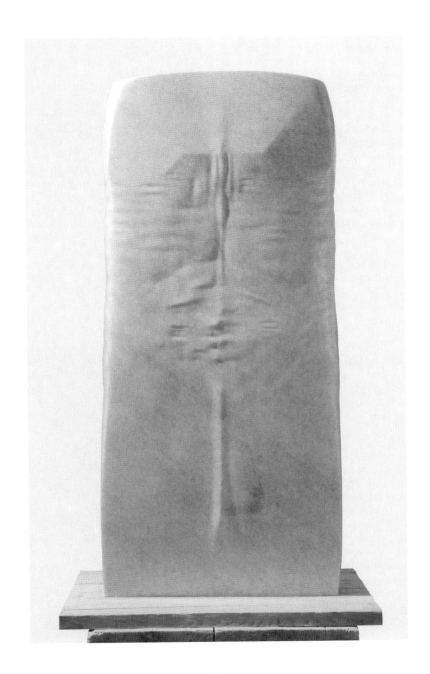

Abbildungsverzeichnis

Ernst Nowak, aus den Notizen und Manuskripten zu Felder 2000–2003

Seiten 10, 19, 29, 45, 54, 60, 62

Fotografien:

Thomas Apolt, Michael Hassmann, Peter Hassmann,

Karin Mack, Christopher Tech